하나님은 너무 어려워

IVP(InterVarsity Press)는
캠퍼스와 세상 속의 하나님 나라 운동을 지향하는
IVF(InterVarsity Christian Fellowship)의 출판부로
생각하는 그리스도인을 위한 문서 운동을 실천합니다.

하나님은 너무 어려워

신학 공부한 엄마의
신앙 교육 만화 에세이

글·그림 송미현

IVP

차례

하나님은 너무 어려워

아들의 신앙 고백 ◦ 8
기도하는 게 쑥스러워 ◦ 19
엄마, 나는 지옥에 갈까? ◦ 28
착한 사람이 될 수도 있는데, 왜 죽이셨어? ◦ 39
한 분이야, 세 분이야? ◦ 49
하나님의 뜻을 어떻게 알 수 있어? ◦ 61
내가 좋아하는 건데 하나님이 싫어하면 어떡하지? ◦ 71

세상엔 궁금한 게 너무 많아

그래도 그건 거짓말이잖아 ◦ 84
산타가 선물한 거 아니잖아! ◦ 93
하나님은 왜 날 아프게 하신 거야? ◦ 103
어떻게 그렇게 빨리 잊어? ◦ 115
천국에 쓰레기를 버리면 어떻게 하지? ◦ 126
왜 남자밖에 없어? ◦ 134

아이와 함께 가족이 된다는 것

지혜롭고 친절하게 사랑하려면 어떻게 해? ◦ 144
슬픈 일은 잊어야 하는 거야? ◦ 155
부끄러움을 견디는 일 ◦ 165

도움받은 책 ◦ 175
작가의 글 ◦ 178
추천의 글 ◦ 182

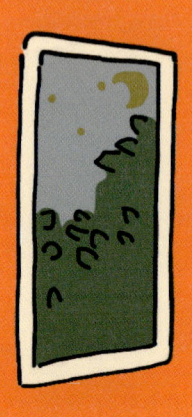

하나님은
 너무
 어려워

아들의 신앙 고백

우리 집 아이만 그럴까? 아이는 좋아하는 만화가 새로 생길 때마다 캐릭터들을 비교하며 "엄마는 이 중에 누가 제일 좋아?" 하면서 이상형 월드컵을 시작한다. 그리고 그 질문만큼 자주 하는 질문이 "세상에서 누가 제일 좋아?"이다.

처음에는 "아빠가 좋아, 내가 좋아?"였는데, 질문에 대한 답을 내가 피해 가니까 아예 통틀어 "세상에서 누가 제일 좋은지" 물어보는 것이라고 생각했다. 그래서 "아빠랑 루아가 제일 좋지!"라고 대답했는데, 아이는 기다렸다는 듯이 "나는~ 하나님 예수님 성령님이 제일 좋아!"라며 눈을 반짝였다.

그러고 나서 뭔가 나의 반응을 기다리는 듯한 표정을 지어 보였다. 루아의 대답이 신기하기도 하고 기특하기도 해서 "와 정말? 어떻게 그런 생각을 했어? 하나님이 기뻐하시겠다~" 칭찬을 해 주었더니 수시로 일명 '답정너'(답은 정해져 있고 너는 답만 하면 된다는 뜻의 줄임말) 질문을 하곤 한다.

몇 번 질문을 듣다 보니, '아이가 정말 뜻을 알고 얘기하는 걸까?' 싶었다. '엄마'가 좋아하는 말을 잘하는 아이이다 보니, 혹시 이것도 같은 맥락은 아닐까 우려 아닌 우려가 생겼다.

성향에 따라 믿음을 갖는 과정은 천차만별이다. 순종적인 성향이고 부모와 관계가 좋다면 신앙 교육은 사춘기가 오기 전까지는 어렵지 않다. 자신의 생일에 출시되는 좋아하는 게임을 보면서 "이건 하나님이 날 위해 준비해 주신 건가 보다!"라고 쉽게 감탄할 정도로 아들은 일상에서 하나님의 손길을 고백하곤 한다. 하지만 이런 귀여운 신앙 고백에 머물러 있다가 어느 순간 회의하는 신앙에 접어들 수도 있는데 그런 아들의 모습을 보지 못한 채 "우리 아들은 하나님을 세상에서 제일 사랑한답니다!"라며 들떠 있는 부모가 되고 싶지는 않다.

무엇보다 이 세상을 살면서 만날 갖가지 모순에 너무 놀라지 않게 사유의 폭을 넓혀 주고 그 안에서 단단한 마음을 준비시켜 주는, 함께 고민하고 함께 걸어가는 안내자 역할을 하고 싶다.

> 비록 하나님은 불가해한 분이시지만, 그분의 무한하신 은혜와 인자하심과 겸손하심에 의해 알려지실 수 있는 분이라고 주장합니다. 그분은 우리에게 알려지십니다.
> _마틴 로이드 존스, 『성부 하나님과 성자 하나님』(부흥과개혁사), p. 99.

기도하는 게
쑥스러워

 교회 부속 어린이집을 다니다가 종교 시설과 관계없는 유치원에 다니게 된 여섯 살 아들.

하원 후 첫날, 물어보지도 않았는데 유치원에서 식사 기도를 하지 않았다고 아들이 고백하듯 말했다. 낯선 분위기에서 친구들의 동향을 살피며 잠시 고민했을 아들의 모습이 눈에 선해서 마음이 아렸다. 게다가 그게 마음에 걸려 엄마 아빠가 물어보지도 않았는데 먼저 말한 것도 안쓰러웠다.

크면서 점차 내 손을 떠날 아이가 무엇을 경험하고 또 배울지 제어할 수 없다는 것을 알지만 앞서 나가는 걱정을 붙잡기가 어렵다. 꼬리에 꼬리를 무는 나의 염려는, 목회자 아들로서 경험하게 될 필요 이상의 부담과 수치에까지 가 있다.

엄마 배 속에서부터 교회를 다녔기에 교회 다니는 것이 너무나 당연한 아이가, 아무도 기도하지 않고 누구도 하나님을 알지 못하는 곳에서 지낼 때면 어떤 기분이 들까? 여섯 살, 또래 집단에서 겪는 그 나름의 사회생활에 대해 이야기한 것이 전부이지만, 아이는 조금 더 자라면 교회에 다닌다는 사실 자체만으로 눈총을 받는 상황도 마주할 수 있다. 그저 자신의 행위와 지식이 보편적이지 않다는 인지만으로도 주변을 살피는 아이를 보며 신앙 교육에 대한 원초적 고민을 다시금 하게 된다.

내가 할 수 있는 영역 안에서, 내가 하는 종교 행위와 의미를 스스로 납득하고 행동할 수 있기를, 행위에 메인 자가 아닌 자발적 사랑에 의한 행동으로 자유로운 아이가 되길 바랄 뿐이다.

> 부모는 아이와 함께 여행을 떠난다. 성장할 때까지 지원을 아끼지 않는다. 하지만 적절한 순간 놓아줄 수 있어야 한다. 이것이 동행과 관계의 기본 원칙이다.
> _안젤름 그륀·얀-우베 로게, 『아이들이 신에 대해 묻다』(로도스), p. 35.

엄마,
나는 지옥에 갈까?

 하나님의 분노와 벌을 너무나 자연스럽게 받아들이는 아들을 보며 조금 의아했다.

"하나님이 화내시는 게 이상하지는 않아?"
"안 이상한데? 그리스 로마 신화에 나오는 신들도 막 화내고 그러잖아."
"아…하?"

그리스 신들의 감정과 하나님의 분노가 어떻게 다른지 이야기해야 하는 과제가 생기는 순간이었다.

하나님을 알아 간다는 것은 제자리 달리기를 끝없이 하는 기분에 빠지게 만든다. 나 스스로 더듬거리며 답을 찾고 어떤 경우에는 말끔하게 정리하지도 못하기에, 가끔은 내 아이에게 하나님을 잘 전하고 있는 게 맞는지 회의가 들기도 한다.

뭐든 이해가 안 되면 그냥 넘어가지 않는 어린아이가 가진 호기심의 힘은 정말 엄청나다. 그 방향 없는 불도저 같은 질문에 부딪힐 때마다 나의 녹슬어 버린 하나님을 향한 열심과 열망을 되돌아보게 된다. 이성적으로 납득이 되지 않는 경우가 생겨도 그저 흐릿하게 납득하고, 스스로에게 다시 질문하지 않는 것에 익숙해진 내 신앙에 경고음을 울려 준다. 내 신앙의 현 상태를 수시로 돌아보게 해주는 아들 덕에 멈춰 있는 신앙을 차근차근 다시 다듬어 보고 살펴보게 된다.

아마 아들이 좀 더 크면 호기심에서 하는 질문이 아닌 회의감에 휩싸인 질문이 폭발하는 시기가 올 것이다. 지금은 그나마 '하나님은 선하신 분'이라는 명제에서 벗어나지 않는 일차원적인 질문이지만, 그때는 뿌리부터 흔들리는 상실감을 느끼고 하나님께 분노를 표출할 수도 있을 것이다. 벌써부터 그 시기가 상상이 되어서 혼자 긴장하곤 한다. 나는 지금보다 더 자주 멈춰 서서 생각을 정리해야 할 테고, 나의 대답이 아이의 마음에 가닿지 않을 확률도 높을 것이다. 마라톤처럼 길고 힘들겠지만 부디 질문의 꼬리물기가 끊기지 않기를 바란다.

> 사랑 때문에 일어나는 이러한 종류의 분노가 하나님의 마음 깊숙한 곳에 어찌나 단단히 자리 잡고 있는지 우리가 정의를 위해 헌신한다 해도 그 정의는 새 발의 피와 같고, 고등 법원 판사에 비하면 경찰 복장을 차려 입은 어린아이와 같다고 생각해 보자. 하나님은 하갈이 깨달았듯이 보시는 하나님이다(창 16:13). 홀로코스트에 대한 하나님의 분노, 노예 무역에 대한 하나님의 분노, 학대와 살인과 잔학 행위와 방치에 대한 하나님의 분노가 십자가에서 예수께 한꺼번에 쏟아졌다. 예수께서는 바로 그것을 두려워하신 것이지, 자기 손에 못 박히는 것을 두려워하신 것이 아니다.
> _레베카 맥클러플린, 『기독교가 직면한 12가지 질문』(죠이북스), p. 322.

착한 사람이 될 수도 있는데, 왜 죽이셨어?

출애굽 때 일어난 열 가지 재앙은 전체적으로 하나님께서 이집트와 이스라엘 백성들에게 하나님의 다스리심을 보여 주신 이야기라고 보면 돼.

"하나님은 왜 아기까지 죽이셨을까?" 관련 대화를 하지도 않았는데 훅 하고 아이가 질문을 해 왔다. 교과서에서 제시할 법한 답은 나도 알고 있었다. 생명에 대한 주권이 하나님께 있음을 이야기한다면 조금 더 쉽게 대화할 수도 있었을 것이다. 하지만 하나님에 대한 근본적 회의에 가까운 질문을 아이가 처음 한 순간이었다. 그래서인지 쉽게 대화를 마무리하고 싶지 않아졌다.

"그러게, 엄마도 잘 모르겠어. 엄마가 하는 말을 네가 이해하기 좀 어려울 수도 있고 말이야. 엄마가 조금 더 공부해 보고 다시 이야기해 볼까?"

한참 시간이 흐른 후, 내 나름의 답을 정리하여 아이와 다시 이야기하는 시간을 가졌다. 예상대로 아이는 별다른 거부감 없이 받아들였다. 아마 처음 질문을 했을 때, "생명은 하나님이 만드셨으니까, 하나님이 생명을 거두어 가시는 것에 대해서도 우리는 뭐라 말할 수는 없는 것"이라고 이야기했어도 아이는 "아, 그렇구나" 하고 받아들였을 것이다. 지금 나이에는 그런 태도가 더 자연스럽기도 하다.

아이의 신앙적 질문에 부모가 늘상 하나님을 변호할 수 없고, 사실 그런 능력이 부모에게 있지도 않다. 또 자신만의 신앙을 갖기 위해서 답하지 못할 질문 앞에 아이가 머물러야만 할 때도 있다. 그걸 알기에, 거리낌 없이 나의 이야기를 받아들이는 지금 시기에 하나님을 조금이라도 더 편안하게 이해하도록, 그분께 안전하게 다가서도록 도와주고 싶다.

기독교는 세상을 이해하게 도와준다. 새로운 눈으로 세상을 보게 해 주고 다른 관점에서 보게 해 준다. 물론 모든 것이 또렷하게 보일 거라 기대할 수 없고, 모든 그림자가 밝혀질 거라 바랄 수도 없다. 그러나 이제는 방향을 알고 인생의 목적을 알기 때문에 불확실한 것들이나 어려운 일들을 더 잘 감당할 수 있다.

_알리스터 맥그래스, 『믿음이란 무엇인가』(성서유니온선교회), p. 69.

한 분이야, 세 분이야?

삼위일체 개념을 아이에게 이런 식으로 설명하게 될 줄은 몰랐다. 평소 하나님 예수님 성령님은 한 분이라는 이야기를 스스럼없이 받아들이길래 어려운 숙제를 뒤로 미루는 느낌 정도로 바라보았었는데, 가정 예배 시간에 질문이 훅하고 들어온 것이다.

하나님은 생각보다 자주 사람들에게 당신을 드러내셨는데, 성경에서 발견한 하나님의 가시적 형태에서 질문이 시작되어서인지 좀 더 아이의 눈높이에 맞춰 대화할 수 있었다.

그러나 아들이 온전히 이해하지는 못했을 것이다. 조금이라도 받아들일 수는 있었을까? 늘 예기치 못한 시점에 준비되지 못한 질문을 받는 바람에 "다음에 계속…"을 외치곤 했는데, 이 주제가 가장 오래 걸렸던 것 같다.

나도 여러 책을 보며 공부했지만 볼수록 어렵고, 개념 정리는커녕 산재한 단어들이 머릿속에서 둥둥 떠다녔다. 삼위일체를 이해하기 위해서는 이단에서 가르치는 잘못된 내용을 바로잡아 주는 것도 필요한데, 초등학교 1학년 아이가 자기 수준에서 이해하기 쉬운 양태론(동일한 인격을 지닌 하나님이 세 양태로 나타났다고 보는 주장)으로 받아들일까 봐 이야기를 꺼내지도 못했다.

내 설명이 부족하고 어려워서였는지, 아이 눈동자가 흐릿해져 가는 게 보였다. 지금도 아이는 구약성경에 나오는 하나님을 이야기할 때 '예수님'을 외치곤 한다. 가끔 엄마인 나를 보며 아빠라고 하고, 아빠를 보며 엄마라고 부르기도 하니, 눈에 보이지 않는 하나님, 예수님, 성령님을 구분하는 건 힘들 것이다. 그나마 '세상에서 가장 좋아하는 분'이 하나님, 예수님, 성령님이라고 세트로 묶어 이야기를 하는 데서 약간의 희망을 가져 본다.

> 모든 것보다도 더 탁월하고 아름답고 위대하신 하나님은 그분의 창조물을 통해 섬김을 받으심으로 영광을 받으시는 것이 아닙니다. 오히려 그들을 만드심으로 하나님의 아름다움과 능력과 위대함을 드러내시고, 그들을 먹이고 입히시며 돌보심으로 하나님의 풍성한 자비와 사랑을 드러내십니다. 즉 하나님은 창조 이전에도 최고로 영화로우셨지만, 창조로 말미암아 그분의 영광을 발산하십니다. 이것이 바로 하나님께서 영광을 받으시는 방법입니다. 그렇기 때문에 하나님의 창조는 그분이 부족하시거나 외로우셔서 하신 일이 아니며, 오히려 충만하고 완전하며 흘러넘치기에 하신 일입니다.
>
> _이정규, 『새가족반』(복있는사람), p. 56.

하나님의 뜻을 어떻게 알 수 있어?

올해 만 7세가 된 아들은 네 살에 농부가 되고 싶다고 했는데, 그 사이 아쿠아리스트, 영화감독, 건축가, 축구선수, 최근에는 패턴디자이너에 이르기까지 다섯 번가량 희망 직업이 바뀌었다.

아이는 '꿈이 바뀌었다'고 말하지만, 사실 직업과 꿈은 다른 말인데, 이 둘의 차이를 어떻게 알려 주어야 할지 감이 잘 잡히지 않는다. 내가 하는 일 자체보다는 그 일을 통해 혹은 존재로서 어떤 사람이 되고 싶은지가 중요한 거라고 아이 수준에 맞춰 이야기해 보려 했지만, 아이는 그렇게 설명하면 아빠 같은 사람이 되고 싶다고 한다. 아이가 '직업 = 꿈'으로 생각하게 된 이유는 뭘까?

청년 시절, 나는 나의 꿈을 하나님의 뜻과 연결시키곤 했다. '하나님의 뜻'은 굉장히 종교적인 단어로, 그 시절 나를 사로잡았던 하나의 축이다. 나는 종종 불 꺼진 예배당에 홀로 앉아 "혹시 제가 하나님이 기뻐하시지 않는 선택을 해서 하나님과 멀어지는 일이 없게 해 주세요. 전 그것이 가장 두렵습니다"라며 눈물로 기도했었다. 그때는 하나님의 뜻이 무척 거룩하고 특별한 것으로 느껴졌다. 학교라는 안전한 틀에서 벗어나는 시기에, 모든 것이 어렵고 두려웠기에 하나님의 뜻이라는 단단해 보이는 캡슐 안에 들어가고 싶었던 것 같기도 하다.

'하나님이 나에게 원하시는 것은, 나에게 약속하시는 것은 무엇일까? 교회에서 말하는 비전이 무엇인지는 이해하겠는데, 그래서 나의 비전은 뭐지?' 아무리 생각해도 답은 없었다. 있을 리 없었다. 하나님의 뜻은 '하나님 사랑, 이웃 사랑'이 전부였다. 그 나머지는 그저 그 사랑 안에서 내가 원하고 뜻하는 바를 이루고, 그 길을 가면서 하나님 앞에서 정직하고 올바른 선택을 하면 되는 것뿐이었다. 청년 시절 왜 그렇게 비전을 강조했을까? 그 시절 애끓으며 기도한 시간들은 분명 아름다웠겠지만, 이미 주어진 답 앞에서 전전긍긍했었다는 사실이 못내 안타깝다.

내가 만약 그때의 나에게 무언가 말해 줄 수 있다면, 이렇게 말해 주고 싶다. "하나님이 기뻐하시는 게 뭔지 묻기보다는, 뭘 선택하든 네가 하나님 앞에서 정직한지 확인하는 기도를 해 봐." "하나님을 바르게 알아 가고 있다면 분명 마음 깊은 곳에서 스스로 알 수 있게 될 거야."

내 아이는 지금 자신의 꿈이 무엇인지 찾아가고 있는 중이다. 이 아이가 스스로 길을 정할 때까지 많은 말을 하기보다는 묵묵히 바라봐 주려고 한다. 그러다 아이가 뒤돌아서서 내게 '하나님의 뜻'이 무엇인지 물어온다면 같은 말을 해 주고 싶다.

> 기도를 많이 한다고 더 하나님의 자녀가 되거나, 안 한다고 덜 하나님의 자녀가 되는 것은 아닙니다. 하지만 우리는 기도를 함으로써 자녀 됨의 특권을 더 누릴 수 있습니다.
> _이정규, 『예수님의 기도학교』(IVP), p. 35.

내가 좋아하는 건데
하나님이 싫어하면 어떡하지?

엄마! 양이는 신비아파트 노래 다 외운다?

오~ 그래? 대단하네~

유치원에 가기 시작하더니 좋아하기 시작한 만화, 〈신비아파트〉. 귀신이 잔뜩 나온다.

신비아파트 캐릭터 중에 누가 제일 좋아?

엄마는 하나님을 제대로 알기 전에,
엄마가 좋아하는 걸 싫어하는 하나님을
먼저 알게 됐어.

'하나님을 믿으면
내가 좋아하는 만화나 게임을
못하게 되는 거구나'
싶은 마음에 하나님을
알고 싶어하지도 않았었지.

적그리스도야! 버려!

영이 어두워져!

재미없고 무섭기만 한 하나님은
만나고 싶지도 않았어.

지금으로부터 17년 전, 만화책 대여 문화가 활발하던 시기에 내 책가방에는 늘 만화책이 가득 차 있었다. 세 살 차이 나는 오빠의 영향을 받아 즐겨 읽는 만화책의 범위도 또래 여자애들과 조금 달랐던 나는, 남들이 모르는 것을 안다는 자부심 속에서 누구 못지않게 취향을 넓혀 갔다.

그 즐거움 때문이었다. 모태 신앙이었던 내가 하나님에게서 벗어나려 애를 썼던 것은. 믿음을 가지게 된 토대이자 본이 되었던 나의 엄마는, 그와 동시에 나에게 장애물을 안겨 주기도 하셨다. 강한 이분법적 문화관을 갖고 계셨던 엄마는 내가 즐겨 보는 만화와 게임이 "하나님이 기뻐하시지 않는" 문화라며 싫어하셨고, 내가 몰래 모으는 만화책이나 자료를 호시탐탐 버리고 싶어 하셨다.

그런 엄마의 영향으로 하나님을 피해 다녔지만, 결국 스무 살 넘어서 재미없는 하나님을 만나게 된 나는, 모아 두었던 만화책 몇백 권을 싹 다 버렸다(그 순간 엄마가 지어 보인 환한 미소는 잊을 수 없을 것이다). 그때 내 행동이 옳았을까. 잘 모르겠다. 다만, 그때를 기점으로 즐거움을 누리는 나의 기준이 바뀌긴 했다.

문화를 읽을 수 있는 해석의 기준은 필요하다. 분명히 선한 문화와 그렇지 않은 문화가 있다. 그러나 중심이 되는 가치관을 알기 전에 세워지는 성과 속을 나누는 표지판은 중심을 알아 가는 길에 도움이 되지 않는다. 17년 전 만화책을 모조리 불속에 던져 버린 나는 지금 경계를 넘나들며 문화를 즐긴다. 하나님을 직접적으로 저격

하는 콘텐츠 속에서 사람을 읽고, 그 속에서 그리는 시대상에서 신을 바라보는 관점을 배운다. 다양한 시선 속에서 나와 상대를 이해하는 법을 습득하며 내가 경험하지 못하는 인생을 대리 체험해 보기도 한다.

나의 자녀도 하나님을 바르게 알고 그 안에서 세상의 어떤 통로도 제한하지 않고 이웃과 세계를 배워 가길 소망한다.

> 요약하면 문화는 만들기나 즐기기 모두 하나님에게서 온 엄청난 선물이며, 우리는 이 선물을 지혜롭고 기쁘게 받아야 한다. 하나님의 모든 선물처럼 문화는 우리 심령의 지경을 넓히고 실력을 키워 하나님을 더 잘 알고, 더 사랑하고, 아들의 형상에 더 온전하게 부합할 수 있게 한다. 그러므로 우리는 어디서든 찾을 수 있다면 참되고 선하고 아름다운 것을 찾아야 한다.
> _조 리그니, 『땅의 것들』(좋은 씨앗), p. 266.

세상엔 궁금한 게 너무 많아

그래도 그건
거짓말이잖아

라합의 이야기를 하면서 거짓말에 대한 이야기를 할 생각은 없었다. 이방 사람일지라도 하나님을 알고 따르고자 한다면 누구든지 구원을 받는다는 결론으로 마무리 지으려고 했는데, 어느새 가정 예배 시간은 토론의 장이 되어 버렸다.

남편과 나는 신앙 색이 전체적으로는 비슷하지만 자세히 들여다보면 조금 다르다. 이는 서로의 성향과도 맞물리는데, 남편이 보수적인 가치관을 바탕으로 안정적인 성향을 보이는 반면 나는 개방적인 가치관을 바탕으로 내 생각을 좀 더 자유롭게 펼치는 편이다. 이날 거짓말을 대하는 서로의 관점이 달랐던 점도 생각의 결이 다른 데서 온 것이었다.

평소, 나와 남편의 생각의 결이 다른 데서 오는 장점과 단점이 각각 크다고만 느꼈었는데, 이날 예배를 기점으로 우리가 토론하는 모습이 아이에게 도움이 될 수 있겠구나 싶었다. 정해진 하나의 틀을 제시하는 것이 아니기 때문에, 질문 앞에서 스스로 고민할 수 있는 물꼬를 튼다는 것이 무엇인지 알려 주게 된 것이다.

이날의 결론은 없었다. 아이가 꼬치꼬치 캐물었다면 더 이어질 수도 있었겠지만, 아이의 질문에 진지하게 대답해 본 부모라면 공감할 것이다. 이야기가 길어진다 싶으면 아이는 만족스럽든 아니든 다른 주제로 넘어가 버린다.

📖 아이는 길을 묻는 손님이다. 하지만 아이가 묻는 까닭은 어른에게서 답을 얻기 위한 것이 아니다. 세상을 관찰하면서 느낀 놀라움과 충격으로 고민에 빠지기 때문에 스스로 질문을 던지는 것이다.

-안셀름 그륀·얀-우베 로게, 『아이들이 신에 대해 묻다』(로도스), p. 73.

산타가 선물한 거 아니잖아!

더 이상 피할 수 없었다.

어느 날, 산타가 정말 있는 거냐고 아이가 물어 왔을 때, 영화 <가디언즈>(2012)에 나오는 말을 빌려서 "네가 믿고 있다면 분명 있을 거야"라고 이야기했다. 그런데 아이는 그 대답이 만족스럽지 않았나 보다. 저녁에 아빠와 둘이 있을 때 다시 꼬치꼬치 캐묻는 것이 아닌가. 남편은 산타는 없다고 말해도 된다고 생각했지만 내 의견을 존중해서 스스로 알게 될 때까지는 이야기하지 않기로 한 터였다. 하지만 남편은 사실이 아닌 말로 얼버무리는 것은 할 수 없는 사람이었다. 그런 아빠를 알아서였을까. 아이는 아빠가 진실을 말할 때까지 포기하지 않을 것처럼 보였고, 나는 중간에 끼어들 수밖에 없었다.

산타가 정말 있는지 없는지와 관계없이, 나는 문화가 주는 재미난 요소를 아이가 놓치게 하고 싶지 않았다. 없는 이야기를 굳이 만들어서 할 필요는 없지만, 문화의 유래를 아이와 함께 알아보면서 즐기게 해 주고 싶었달까. 그래서 귀신 캐릭터를 유독 좋아하는 아이가 할로윈 축제를 기대했을 때도 재미난 옷을 입혀 주며 장단을 맞춰 주었다.

그런데 초등학교 입학도 하지 않은 아이가, 어느 날 산타의 존재 유무를 따지고 들 줄이야. 아직은 동심을 지켜 주고 싶었지만, 아이의 눈빛을 보니 피할 구석이 없어 보였다. 믿으면 살아나는 디즈니의 캐릭터들을 보여 주고 도망가고 싶은 마음이었지만 '에라 모르겠다' 하는 심정으로 사실을 이야기해 주었다.

아이의 반응은 예상과는 달랐다. 산타는 있다는 이야기를 계속 듣고 싶었던 걸까. 까닭 모를 토라진 모습이 찜찜하기도 하고 미안하기도 했다. 아이의 속마음을 더 알 수는 없었기에, 울면 선물을 주지 않는 산타 할아버지 이야기보다는, 앞으로는 우는 아이를 위해 이 땅에 오신 예수님 이야기를 더 많이 해 주어야겠다고 생각하며 밤을 지나 보냈다.

다음 성탄절이 가까웠을 때, 아이는 아무 일도 없었다는 듯 "산타에게 선물을 받아야 한다"고 이야기했다. 나는 줄곧 품어 온 버킷 리스트 하나를 실행해 보기로 했다. 가장 큰 선물이신 예수님을 우리가 이미 받았으니, 이 기쁨을 함께 나누는 성탄절이 되면 좋겠다고 제안한 것이다. 나는 집에서 가장 가까운 보육원을 찾아 아이와 함께 가서 미리 준비한 작은 선물을 전했다. 산타를 기다리기보다, 산타가 되어 보는 경험은 찰나에 불과했을지라도 이 작은 기억들이 아이에게 남겨져 성탄절의 참 의미를 몸으로 새길 수 있길 기대해 본다.

> 나는 점점 더 세속에 물들어 가는 세상에서 "메리 크리스마스"가 "행복한 휴일 보내세요"와 경쟁을 벌이고 있음을 안다. 나는 예로부터 내려온 "메리 크리스마스"를 다르게 바꾸어 성탄절 아침에 걸맞은 새 인사말을 소개하고 싶다.
>
> 인사말: 구주가 나셨다.
> 대답: 그가 구유에서 나셨다.
>
> _케네스 E. 베일리, 『중동의 눈으로 본 예수』(새물결플러스), p. 59.

하나님은 왜 날 아프게 하신 거야?

믿음이 종교적 우월감, 곧 선민의식으로 이어질 수 있음을 목격한 순간이었다. MBTI 중 T 성향이 큰 아들의 특성이 더해진 것이었을까. 친한 친구가 아프다는 이야기를 들었는데 "나는 안 아파서 좋다!"라고 이야기할 줄은 몰랐기에 내심 놀랐다. 이후 자신이 아프자 선민의식은 내가 교정해 줄 필요도 없이 고통 앞에서 힘없이 녹아내렸음은 물론이다.

고통과 고난은 인간의 원죄로 인한 관계의 깨어짐에서 시작되었다. 이로 인해 구약 시대부터 신약 시대에 이르기까지, 사람들은 절망 앞에 놓이면 죄에서 그 원인을 찾고자 한다. 그런데 이런 종교 가치관에 물들지 않은 일곱 살 아이의 입에서 질문이 튀어나왔다.

"내가 뭘 잘못해서 아픈 거야?"

이유 없는 고통이란, 새겨진 지식이 없더라도 넘기지 못할 문제였던 것이다. 왜 사람은 어려움과 고통 앞에서 본능적으로 하나님을 찾게 될까? 신을 알지 못하는 사람들도 고난을 마주하면 믿지도 않는 신을 향해 기도를 하거나 원망을 쏟아붓는다는 것은 영화나 드라마를 통해서도 종종 보게 된다. 아들이 그순간 고통의 원인을 찾았던 건 냉정하게 말해 신앙적 질문이었다기보다, 인간에게 새겨진 신에 대한 본능적 회의에 가까웠을 것이다.

아픔이 지나가면 더 건강해질 거라는 이야기보다는 이겨낼 수 있는 단단한 마음을 주실 하나님을 바라보게 해 주고 싶다. 이해가 되지 않을 때 질문하는 시선에 힘을 더해 주고, 그 시선 끝에 아무것도 보이지 않을지라도 섣불리 판단하지 않고 버틸 수 있는 기반을 닦아 주고 싶다. 그리고 누군가가 걸림돌에 걸려 넘어질 때 아무 말 없이 곁에 있어 주며 어깨를 내어주는 사람이 되도록 가르쳐 주고 싶다. 고통과 고난의 한가운데서 아무 말 없이 우리와 함께 계신 하나님의 아들 예수님을 바르게 바라보면서.

> 왜 이러한 일이 일어나는지에 대해 많은 시간 생각해 보았지만, 아직 완벽한 답을 얻지 못했다. 다만 그에 대한 부분적인 이유는, 고통에 대한 하나님의 응답과 하나님의 선하심에 대한 확신은 그분을 우리 고통으로 초청해 그 안에서 그분을 경험함으로써만 알 수 있기 때문이 아닐까 한다.
> _라비 재커라이어스·빈스 비테일, 『하나님 앞에서 고통을 묻다』(토기장이), p. 250.

어떻게 그렇게 빨리 잊어?

아들은 성경을 생각보다 더 주의 깊게, 그리고 시각적으로 상상하며 읽고 있었다. 아이가 성경을 대하는 자세를 보고 있노라면 예수님이 '어린아이와 같이 되라'고 이야기하신 장면이 나도 모르게 떠오른다. 거침이 없는 시선은 게토화된 나의 시선으로는 바라보지 못했던 곳에 가닿고, 아직 하나님을 제대로 알지 못함에도 그 누구보다 가까이 있다는 생각을 하게 된다.

하나님에 대해 피상적으로 알고 있는 아들에게 신앙생활의 침체와 권태기까지 이야기하는 것이 의미가 있을까 싶지만, 성경에는 이미 모든 이야기가 담겨 있었다. 이 세상 무엇보다 귀한 사랑을 받는 이들의 적나라한 치부와 낯부끄러운 모습들까지. 성경을 아이의 시선에서 보고, 의문점과 해답을 찾는 과정을 멈추지 않는다면 하나님과 사람을 올바르게 배울 수 있을 것 같다.

하나님에 대해서만 알아 가다가 인간과 타인을 향한 이해를 놓치지 않는 아이가 되길.

사람에 대해서만 이해하다가 하나님께서 허락하신 창조의 섭리를 잊지 않는 아이가 되길.

> 죽음의 공포가 몰려오자 자유의 금빛 꿈은 돌연 빛을 잃고 굴종과 생존이 매력적으로 보이게 된 것입니다. 억압과 공포에 길들여진 노예들의 슬픈 모습입니다. 이것은 수천

년 전 중동의 변방에서 일어난 몽매한 과거사가 아닙니다. 이것은 지금도 역사 속에서 되풀이되고 있습니다. 우리 속에 있는 속물은 시도 때도 없이 우리를 유혹합니다. 괜히 어려움을 자초할 게 뭐냐고, 가늘고 길게 사는 게 제일이라고 말입니다.

_김기석, 『광야에서 길을 묻다』(꽃자리), p. 142.

천국에 쓰레기를 버리면 어떻게 하지?

최근 몇 년 사이, 그 어느 때보다 환경에 대한 관심이 커졌다. 아들이 생태계에 관심을 가장 많이 보일 연령대가 된 덕분에, 쓰레기 하나 버릴 때조차 눈치를 보게 된다. 길거리에 버려진 담배꽁초를 보면서도 지구 걱정을 하는 아이를 생각하며, 외출할 때면 내가 지나는 길거리 쓰레기라도 주울까 싶어 봉투 하나를 챙기기도 한다.

시선을 돌리지 않으면 전혀 못 느낄 수도 있으나, 현재 기후 위기 문제는 끔찍할 정도로 심각하다. 그리스도인인 우리는 이 문제를 더 민감하게 느끼고 반응해야 한다. 인간 중심적 사고로 생태계를 착취함으로써 하나님이 지으신 피조 세계가 고통 가운데 놓였기 때문이다.

일부는 기후 위기 원인이 기독교 혹은 성서의 인간 중심적 세계관 때문이라고 비판하기도 한다. 하나님이 인간에게 땅을 정복하라고 하신 말씀(창 1:28)을 근거로, 기독교가 인간 중심적이고 자연을 오만하게 대하는 종교이므로 성서적 낡은 사고를 버리지 않는다면 인류는 기후 위기로부터 결코 벗어날 수 없다는 것이다.

1970년대 이전까지 인간의 역사를 중심으로 이어져 온 성서 해석 흐름을 생각하면 기독교에 책임이 전혀 없다고 말할 수 없다. 하지만 성서는 온 우주 만물에 대한 하나님의 명백한 주권과 피조 세계의 아름다움에 대해 끝없이 찬미한다. 이는 하나님이 인간에게 피조 세계에 대한 '소유권'을 넘겨주신 것이 아닌 피조 세계를 누리고 돌볼 '권리 의식'을 심어 주신 것이라고 해석할 수 있다.

쓰레기에 대한 걱정이 천국에까지 이른 아들을 보며 미안함이 이만저만 아니지만, 동시에 이 땅에 속한 그리스도인으로서의 마땅한 소명 의식을 나누는 기회가 될 수 있겠다고 생각한다. 천국을 소망하는 마음을 추상적 수준으로 가르치는 데 머무르지 않고, 이 땅을 사랑하신 하나님의 마음을 알려 주고 '땅'에 속한 인간*으로서 피조 세계의 치유 사역에 아들과 동참하려 한다. 작은 것부터 하나라도.

> 만일 인간이 땅을 착취하여 대지와 초목, 동물, 강과 바다를 손상시킬 경우, 땅에 대한 지배라고 하는 자신의 왕다운 직무에서 실패한 것과 같은 것이다. 복종시키라는 것은 관리하고 보존하라는 하나님의 명령이다.…성서의 이 본문은 인간이 어떻게 피조물들에 대해서 왕다운 지배를 할 것인가를 밝혀주는 것이다.
> —김도훈, 『생태신학과 생태영성』(장로회신학대학교), p. 93.

---

* 히브리어 아담은 '땅'을 의미하는 '아다마'adamah라는 단어에서 온 것으로 그 뜻이 자명하다. 이런 공통성이라는 정황 안에서 볼 때, 다스림은 어떤 건강한 관점을 갖는다. 그것은 바로 공통된 권리를 가진 타자에 대한 책임감이다. 김도훈, 『생태신학과 생태영성』, p. 91.

왜 남자밖에 없어?

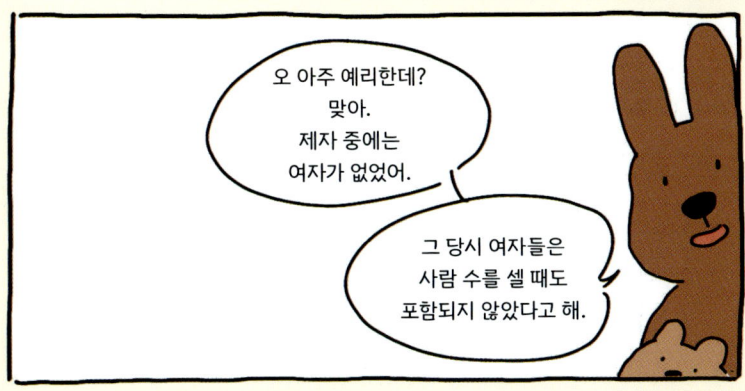

예를 들어, 모세 있잖아? 모세도 하나님을 따르는 강한 여성들의 보호로 살아남았어.

목숨 걸고 모세를 숨긴 모세의 엄마,

히브리인의 아기임을 알면서도 모세를 건져 낸 이집트 공주,

끝까지 따라가서 지켜본 누나.

이집트 왕이 아기들을 다 죽이라고 했는데 하나님을 두려워하며 그 명령을 따르지 않았던 산파들.

오 그렇구나… 다들 정말 강하다!

맞아. 여성의 강함도 정말 멋지지?

엄마는 루아가 이렇게 오늘처럼 누군가가 소외되고, 보이지 않을 때, 그 빈 곳을 발견하는 그런 눈을 가지길 바라.

아이에게 성인지 교육을 하기 시작하면서 여성의 사회적 위치 변화에 대한 이야기도 자연스럽게 하고 싶었다. 다만 어디서부터 어떻게 시작할지 고민하던 중에 뜻하지 않게 성경 동화를 읽다가 아이의 질문에서 대화가 시작되었다.

충격적인 사실은, 예수님의 열두 제자가 모두 남성이었다는 점을 나조차 인식하지 못했다는 것이다. 정확히 말하자면, 알고는 있었지만 왜 모두 남성인지 궁금해하지 않았다. 그저 당연하게 받아들였다.

가부장적 문화가 스민 가정에서 자란 나는 남성 중심적 시선에서 자유롭지 못했다. 스스로도 인식하지 못했던 성차별적 가치관에서 자유로워진 시점은 결혼을 하고 나서였다. 동거인이 된 남편이 결혼생활 전반에서 매우 평등했던 덕분이다. 남편은 가사나 육아 뿐 아니라 각자의 부모님께 해야 할 도리까지 모든 부분에서 빠짐없이 똑같이 생각하고 대했으며, 여성의 약함을 인정하면서도 가장으로서 특별한 대우받는 것을 원하지도 않았다. 이 모든 것이 사상이나 가치를 교육받아서가 아니라, 가정 분위기에서 빚어졌음을 시댁에 익숙해지면서 알았다. 이념적 교육보다 성장 과정이 성품과 가치관을 형성하는 단단한 토대였던 것이다.

아이의 질문에 시원한 대답을 주진 못했지만 아마 예수님 시대 분위기와 사회 배경을 고려한 선택이 아니었을까 추측하며 대화를 이어 갔다. 무엇보다 아이가 앞으로도 불평등한 상황을 인식할 수 있는 사람이 되길 간절히 바라게 되었다. 나부터 평등한 시선을 가지고 올바른 가치관을 따르는 모습을 삶으로 보여 주기를, 시류에 휩쓸려 행동하는 사람이 아니라 그릇된 상황에 문제를 제기할 수 있는 용기 있는 사람이 되기를, 옳다고 생각하는 일을 행동으로 옮기되 그 행위에 자만하지 않는 사람이 되기를 바라게 되었다.

> 어느 쪽 관점이 옳고 그르냐를 따지는 것보다 중요한 점이 있다. 커플이, 부부가 함께 성 역할에 관해 대화할 수 있느냐다. 서로 의견이 다르더라도 동일한 하나님을 믿고 섬길 수 있다. 두 사람의 관점이 다르면 결혼생활을 꾸려 갈 때 의견 충돌을 피하기는 힘들 것이다. 특히 아이를 키우게 되면 어떻게 역할 분담을 하는 것이 가족의 행복에 더 유익할지 대화하며 협상하는 기술이 필요하다. 살다 보면 역할이 뒤바뀔 수도 있다. 성 역할에 대한 유연한 태도가 가정을 꾸려 가는 데 큰 도움이 된다.
> _김경아, 『성을 알면 달라지는 것들』(IVP), p. 163.

아이와 함께 가족이 된다는 것

지혜롭고 친절하게 사랑하려면 어떻게 해?

처음으로 청와대 견학을 신청하여 아이와 다녀온 날이었다. 근처에 시위하는 단체들이 무척 많았는데, 종교인이 반은 넘어 보였다. 너나없이 외쳐대는 고성 소리까지도 뚫고 나오는 찬양이 너무나 또렷이 들려 마음이 불편해졌고 이런 상황을 아이가 어떻게 생각할지 걱정이 앞섰다.

그곳에서 조금 떨어진 곳에 자리를 잡고 준비해 간 도시락을 먹으며 아들의 눈치를 살폈다. 직전 상황은 전혀 생각하지 않는 것처럼 보이는 아이 모습에 먼저 말을 꺼내야 할지 말아야 할지 한참을 고민했다. 나의 섣부른 질문과 대화로 잘못된 선지식을 주고 싶지 않았다. 그렇지만 자신의 신념을 토대로 이야기하는 사람들을 쉽게 판단하게 만들고 싶지 않은 마음 반대편에, 하나님의 이름으로 상대방의 인격을 손상시키는 발언을 하는 모습을 그냥 넘어가게 하고 싶지도 않았다. 더구나 신앙의 언어로 외치는 구호에 개인의 문화 이데올로기와 정치 견해가 섞이기 쉽다면 더 신중해야 하지 않을까. 무엇보다 신앙인으로서 지녀야 할 자세와 태도를 아이와 이야기해 보고 싶었다.

옳고 그름을 표현하는 데 소극적인 아이가 되는 것을 원하지는 않는다. 그저 내 아이가 자신의 올곧음이 무례하게 드러나지 않길 바란다. 신념을 무기 삼아 휘두르는 판단이 아닌, 흔들리지 않는 가치관으로 누군가를 껴안을 수 있는 사람이 되길 바란다.

확신에 찬 그리스도인이라면 십자군 정신의 유혹을 받을 가능성이 높다. 따라서 어느 정도의 규칙이 필요하다. 초심자라면 자신의 죄성과 타인의 인간성에 초점을 맞추는 것이 좋다. 우리는 자신과 타인에 대해 더 정직해질수록 더욱 교양 있는 모습을 갖추게 된다.…비그리스도인이 억지로 기독교의 규율을 따르도록 법을 제정하는 것은 그리 바람직하지 못하다. 성경은 사람들이 하나님께 자발적인 순종을 드리도록 요구한다. 그들이 그렇게 하지 않기로 선택한다면 우리는 유감스럽더라도 그 선택을 존중해야 한다.

_리처드 마우, 『무례한 기독교』(IVP), p. 68.

슬픈 일은 잊어야 하는 거야?

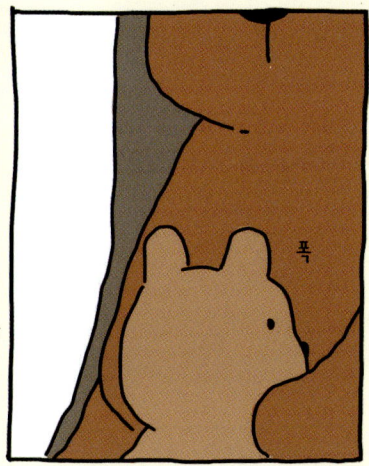

아들이 다섯 살 때 일이다. 유치원에서 가져온 열대어를 관리를 잘하지 못해 떠나 보냈다. 아직 어린아이에게 죽음을 이야기해야 한다는 사실이 아찔해서 크게 당황했었다. 이미 죽어 둥둥 떠 있는 물고기를 계속 어항에 놔둬야 한다며 아이는 울었다. 물고기가 혼자 있으면 심심하니 화단에 묻어 주고 땅속 친구들과 놀게 하자고 말하며 최대한 동화스럽게 상황을 모면했지만, 잠자리에 든 아이가 "근데 개미들이 먹어 버리면 어떡해?"라고 묻는 바람에 다시 식은땀을 흘리기도 했다.

그래도 어느 정도 객관적으로 바라볼 수 있는 이별에 대해서는 이야기하기가 크게 어렵지 않았다. 하지만 아이가 기다려 온 동생, 태중 아이가 떠났다는 사실을 알려 주는 건 정말 힘든 일이었다. 나의 감정을 고스란히 흡수하는 아이이기에 최대한 담담하게 말했고 아이는 별 반응이 없었다. '그런가 보다' 생각하는 듯했다.

그런데 이후 찾아와 준 동생이 배 속에서 자라기 시작하면서, 불러오는 내 배를 보며 전에 떠난 동생 이야기를 하곤 한다. 누구보다 동생을 기다렸기에 마음에 남았겠다 싶어 안쓰럽기도 하고, 잊지 못하는 그 마음으로 인해 애도 기간이 나보다 길 수도 있겠다고 생각했다.

그리스도 안에서의 죽음은 천국의 보상이 따른다. 이는 큰 기쁨이요 위로이지만 동시에 상실에 필수적으로 따르는 애도를 가로막기도 한다. 죽음이라는 이별은 사람마다 크고 작은 상흔을 남긴다는 점을 간과해선 안 된다. 개인 성향에 따라 쉬이 시간 속으로 흘려보내는 이도 있는 반면에, 문신처럼 남아 오래오래 그 자리에 머물러야 벗어날 수 있는 이도 있다. 이른 상실이자 이른 애도를 배워 버린, 동생을 떠나 보낸 아이가 슬픔을 덮는 방법이 아닌 서투르게나마 이별하는 법을 배웠길 바랄 뿐이다.

> 일어난 사건을 되돌릴 수는 없지만, 사건이 남긴 심리적 외상은 '나 여기 있소'를 끝없이 외친다. 그 외침에 반응해야 한다. 애도가 필요하다. 모든 상실은 애도해야 떠나보낼 수 있다. 남이 잊으라고 해서 그냥 잊혔다면 그것은 잊은 것이 아니다. 반드시 '나 여기 있소!' 하고 돌아온다. 다양한 고통의 방식으로 돌아온다.
> _정신실, 『슬픔을 쓰는 일』(IVP), pp. 37-38.

부끄러움을 견디는 일

언젠가 전철에서
유아차에 아이를 태우고,
유아 또래인 첫째와 함께 있던
어머니의 모습이 계속 기억에 맴돌아.

그 어머니는 엘리베이터를 잡으러 뛰어가는 첫째에게
큰소리로 호통을 쳤지.

내가 도대체 왜
너 때문에 계속
죄송해야 하는 거야!

뛰지 마!
그만 좀 해!

내가 잘못한
것도 없는데,
왜 죄송해야
하는 거냐고!

타인에게 피해를 입히거나 불쾌하게 만드는 행동은 내게 있을 수 없는 일이었다. 하지만 나와 비슷하게 생긴 아이가 내 체면은 아랑곳하지 않고 때와 장소도 없이 소리를 지르기도 하고 드러누워 버리기도 한다. 바라보기만 해도 가슴 벅차게 사랑스러운 존재이지만, 그 벅찬 존재는 여태 쌓아 온 나의 세계를 붕괴시키기도 하고 새롭게 세워 가기도 한다.

온몸으로 자신의 기분과 에너지를 발산하는 아이들은 표현이 미숙할 수밖에 없다. 한 걸음만 뒤에서 볼 수 있다면, 그 서투른 표현들에서도 정확한 메시지를 발견할 수 있다. 전철에서 마주했던 그 모자의 상황도 그런 경우였다. 아이는 유아차 때문에 천천히 올 수밖에 없는 엄마를 위해 엘리베이터를 잡으려고 뛰어갔다. 어른의 눈높이에서는 알기 어려운, 그저 떼를 쓰는 것처럼 보이는 아이들의 행동도 모든 정황을 차근히 살펴보면 분명 이유가 있다. 너무 가까이 있기에 잘 보이지 않거나, 아이의 감정이 진정될 때까지 양육자가 버티지 못할 뿐이다.

노키즈 존(No Kids Zone)이나 '맘충'이라는 말이 이미 익숙해져 버린 우리나라에서 여유를 가지고 아이를 훈육하기란 쉽지 않다. 혐오 표현이 넘치는 시대에 마음을 단단히 여미고 일관성 있게 양육하기 위해 노력하지만 때론 외롭고 그러다 때론 억울한 일을 만나기도 한다.

고독한 여정이지만 내게서 태어난 아이가 무조건적 사랑으로 날 바라보는 맑은 시선이, 그 아이가 무한히 넓은 새 세상으로 나를 이끈다. 서 본 적 없는 길에 서서, 바라본 적 없는 곳을 바라보게 한다. 그 힘을 입어 하늘로부터 오는 지혜를 받아 나의 어리석음을 덮고 어제보다 더 나은 내가 되기를 간절히 소망해 본다.

> 우리의 가족들은 우리의 모습을 빚는 도구이다.
> 우리도 가족의 모습을 빚어 간다.
> 십자가는 이 둘 모두를 빚어 간다.
> _러셀 무어, 『폭풍 속의 가정』(두란노), p. 45.

도움받은 책

하나님은 너무 어려워

아들의 신앙 고백

마틴 로이드 존스, 『성부 하나님과 성자 하나님』, 부흥과개혁사.
안젤름 그륀·얀-우베 로게, 『아이들이 신에 대해 묻다』, 로도스.
알리스터 맥그래스, 『믿음이란 무엇인가』, 성서유니온선교회.

엄마, 나는 지옥에 갈까?

톰 라이트, 『톰 라이트 죽음 이후를 말하다』, IVP.
랍 벨, 『사랑이 이긴다』, 포이에마.
마크 갤리, 『하나님이 이긴다』, 포이에마.
C. S. 루이스, 『천국과 지옥의 이혼』, 홍성사.

착한 사람이 될 수도 있는데, 왜 죽이셨어?

카렌 암스트롱, 『신의 전쟁』, 교양인.
미로슬라브 볼프, 『배제와 포용』, IVP.
L. 대니얼 호크, 『하나님은 왜 폭력에 연루되시는가?』, 새물결플러스.
제임스 브루크너, 『UBC 출애굽기』, 성서유니온선교회.

한 분이야, 세 분이야?

리처드 보컴 외, 『삼위일체』, 이레서원.
이정규, 『새가족반』, 복있는사람.
트렌트 C. 버틀러, 『WBC 사사기』, 솔로몬.
송병현, 『엑스포지멘터리 사사기』, 이엠.

팀 켈러, 『당신을 위한 사사기』, 두란노.

하나님의 뜻을 어떻게 알 수 있어?
C. S. 루이스, 『기도의 자리로』, 두란노.
김영봉, 『사귐의 기도』, IVP.
이정규, 『예수님의 기도학교』, IVP.

내가 좋아하는 건데 하나님이 싫어하면 어떡하지?
조 리그니, 『땅의 것들』, 좋은씨앗.
브루스 애쉬포드·히스 토머스, 『왕의 복음』, IVP.

세상엔 궁금한 게 너무 많아

그래도 그건 거짓말이잖아
다이안 콤, 『거짓말의 해부』, 요단출판사.
김지찬, 『데칼로그』, 생명의말씀사.
강영안, 『강영안 교수의 십계명 강의』, IVP.

하나님은 왜 날 아프게 하신 거야?
라비 재커라이어스·빈스 비테일, 『하나님 앞에서 고통을 묻다』, 토기장이.
팀 켈러, 『팀 켈러, 고통에 답하다』, 두란노.
박영식, 『그날, 하나님은 어디 계셨는가』, 새물결플러스.
장 칼뱅, 『칼빈 주석 18: 요한복음』, CH북스.
찰스 R. 스윈돌, 『찰스 스윈돌의 신약 인사이트 요한복음』, 디모데.
게리 버지, 『NIV 적용주석 요한복음』, 솔로몬.
톰 라이트, 『모든 사람을 위한 요한복음』, IVP.

어떻게 그렇게 빨리 잊어?
필립 얀시, 『아, 내 안에 하나님이 없다』, IVP.

김기석, 『광야에서 길을 묻다』, 꽃자리.
제럴드 싯처, 『하나님 앞에서 울다』, 좋은씨앗.
히스베르트 푸치우스, 『영적 침체』, 누가.
송병현, 『엑스포지멘터리 출애굽기』, 국제제자훈련원.
매튜 헨리, 『매튜 헨리 주석 02: 출애굽기 레위기』, CH북스.
목회와신학 편집부, 『출애굽기 어떻게 설교할 것인가』, 두란노.

천국에 쓰레기를 버리면 어떻게 하지?
켄 그라나칸, 『환경 신학』, UCN.
김도훈, 『생태신학과 생태영성』, 장로회신학대학교.

왜 남자밖에 없어?
강호숙, 『여성이 만난 하나님』, 넥서스.
김순영, 『어찌하여 그 여자와 이야기하십니까?』, 꽃자리.

아이와 함께 가족이 된다는 것

지혜롭고 친절하게 사랑하려면 어떻게 해?
C. S. 루이스, 『순전한 기독교』, 홍성사.
리처드 마우, 『무례한 기독교』, IVP.
레베카 맥클러플린, 『기독교가 직면한 12가지 질문』, 죠이북스.

슬픈 일은 잊어야 하는 거야?
정신실, 『슬픔을 쓰는 일』, IVP.
랍 몰, 『죽음을 배우다』, IVP.

부끄러움을 견디는 일
러셀 무어, 『폭풍 속의 가정』, 두란노.

작가의 글

생명을 맡게 된 순간부터 배 속 아이를 위해 했던 단 한 가지를 두고 기도했다. "스스로 생각하는 아이가 되게 해 주세요." 내가 일방적으로 주게 될 모든 선하거나 악한 영향력을 넘어서 자신만의 신앙 여정을 가진 아이가 되기를, 스스로 두 발 딛고 서서 자신만의 하나님을 만나 가는 아이가 되기를 절실하게 기도했다.

그래서일까? 흔히 아이들이 자라는 중에, '왜요 병'에 걸렸다고 말하는 시기가 난 참 좋았다. 내 아이가 무엇인가 궁금해한다는 사실이 좋았고, 아이와 대화를 주고받을 수 있다는 사실이 참 재미있었다.

그런데 정작 아이가 교회를 다니며 그 안에서 배우는 것들에 대해서는 따로 질문을 해 오지 않았다. '왜요 왜요' 하면서 질문을 해 오면 나누고 싶은 이야기가 많은데 그렇지 않아 어떤 방법으로 아이에게 다가가는 게 좋을지 꽤 오랜 시간 고민했다.

꾸준히 드리던 가정 예배에서도 일차원적 주입식 교육 이상으로는 넘어가지 않는 것 같아 답답하던 차에, 존경하는 언니로부터 언니도 직접 적용하고 있는 한 가지 방식을 전해 들었다. 이야기 성경 책을 함께 읽는 시간을 아이와 가지면서, 아이가 궁금해하는 것이 있으면 답해 주고 대화로 마무리하는 것이었다.

그때부터였다. 아이에게서 질문이 쏟아지기 시작했다.

* * *

'엄마'라는 정체성을 입은 지 겨우 8년밖에 되지 않았지만, 아이의 질문을 대할 때 양육자로서 내가 애써 지키려고 하는 태도가 있다. 아이에게 답을 주려고 하기보다 아이가 왜 그것을 궁금해하는지 생각해 보고, 아이와 같은 위치에 서서 고민해 보는 것이다. 그렇게 하다 보면 아이의 시선, 아이의 마음을 이해하기가 좀 더 쉽고 아이와 깊이 있게 대화하는 것도 가능해진다.

내가 신학을 전공했기 때문에 이런 대화가 가능한 것일까. 일면 그런 영향도 있을 것이다. 하지만 나는 아이와 대화하기 위해 대체로 새롭게 공부해야 했다. "천국에 쓰레기를 버리면 어떻게 해?"와 같은 질문은 신학생 시절 생각해 보지도 못했었기 때문이다. 아이의 질문은 몇 겹의 고민을 더 하게 만들었다.

손쉬운 대답도 하려면 할 수 있었을 것이다. 하지만 하나님에 대해, 신앙에 대해 아이가 보이는 궁금증이었기에, 단어 한 획마저도 소중하게 대하고 싶었다. 먼지 쌓인 신학책을 다시 꺼내 들춰 보았고, 부족하다 싶으면 도서관에 가서 자료를 찾아보았다. 그리고 그 시간이 나에게도 소중하게 다가왔다.

비록 아이가 그만큼 궁금해하지 않았고, 정성이 담긴 대답을 공들여 듣지도 않는 듯했지만, 나중에 아이가 컸을 때, '네가 이런 질문을 했었단다. 엄마, 아빠와 이런 식으로 대화를 나눴었지' 하는 흔적을 남겨 주고 싶었다.

반면, 책 작업을 하며 마음 한 편이 무거웠던 것도 사실이다. 나는 책에 나오는 루아의 엄마처럼 언제나 아이의 말에 귀를 기울이고 참아 주는 양육자는 아니기 때문이다. 나름대로 노력은 하지만, 나는 시시때 때로 올라오는 내 감정에 굴복하고마는 지극히 평범한 엄마다.

곧 첫돌을 맞는 둘째를 함께 키우고 있다 보니, 초등학교에 입학한 첫째에게 늘 상냥하기란 중력을 거스를 만큼 큰 고단함이 요구되었다. 첫째에게 화를 낸 날은, 바위보다 무거운 죄책감이 마음에 들어앉아 버려서 차마 작업을 하지 못하기도 했다. 나와는 거리감이 있는 캥거루가 이 책의 캐릭터가 된 것은 그런 이유에서다.

* * *

이야기를 구상하고 막 계획을 세우려던 무렵, IVP 이종연 편집장님을 만났다. 머릿속에 생각만 있고 막상 작업을 시작하지 못하고 있었는데, 편집장님이 차기작 계획이 있는지 물어봐 주신 덕분에 이 작품이 빚어질 수 있었다. "뭐 재미있는 이야기 없나요?" 하시며 빛나는 눈으로 나의 사기를 북돋아 주신 그 순간을 잊히지 않는다. 날것의 원고를 보기 좋은 디자인으로 담아 주신 서린나 간사님과, 개인적인 이야기라고도 할 수 있는 나의 작업을 출간으로까지 이어지게 해 주신 IVP에 너무나 감사드린다.

일방적인 주입식 교육이 아닌, 아이와 대화를 나누는 방식으로 신앙 교육을 해 나가는 것이 가능하다는 것을 먼저 알려 준 신대원 동기이자 존경하는 권윤민 언니에게 감사를 전한다.

무엇보다, 어떻게든 내가 일할 수 있는 상황을 마련해 주려 노력하는 남편 덕분에 이 책이 출간될 수 있었다. 투명하고 단단한 지지자인 남편이 있어서 상황이 여의치 않은 가운데에서도 꿋꿋이 작업을 이어 나갔다.

그리고, 나의 아들 예찬. 모든 부모가 자녀를 그렇게 느낄 테지만, 작중 루아로 그려진 예찬이는 하나님이 나에게 보내 주신 것이 참 신기할 정도로 아름답고 사랑스러우며 놀라운 아이다. 이 아이 덕분에 나의 세계는 날로 성장하고 넓어지고 있고, 또 하나의 작업을 완성할 수 있었다. 그리고 책 작업이 멈추지 않도록 태중에서 건강하게 잘 자라 준 둘째 예린. 이제 곧 돌을 맞이하는 이 아이 덕분에 또 다른 세계가 펼쳐질 예정이다. 작가로서의 내공이 턱없이 부족하지만, 창작의 영역으로 등 떠밀어 주는 이 생명체들 덕분에 오늘도 나는 공부하고, 그림을 그린다.

2024년 1월

추천의 글

아이들과 양육자가 함께 읽어도 좋을 이 책은 사랑스럽고 친근한 그림과 현실에서 흔히 이루어질 법한 대화로 구성되어 있습니다. 우리가 알고 있지만 설명하기는 어려운 진리를 아이들에게 그림과 글로 쉽고 재미있게 설명하기에 너무 유용한 이 책 『하나님은 너무 어려워』를 모든 가정에 기쁘고 반가운 마음으로 추천합니다.

백종호 히즈쇼(HisShow) 대표

아이에게 정답을 외우게 하면 신앙 교육은 간단하고 쉽습니다. 그러나 그렇게 쥐여 준 답은 생각보다 유효 기간이 길지 않습니다. 사람마다 현실과 믿음의 간극은 다르기 때문입니다. 저자의 말처럼 귀여운 신앙 고백에 머물다가 어느 순간 회의하는 신앙에 접어들 수 있습니다. 고민 없는 답은 부메랑이 되어 우리의 민낯을 드러냅니다. 그렇다면 하나님과의 관계를 어떻게 만들 수 있을까요? 답을 암기하는 대신, 질문하고 고민하는 시간을 통해서 하나님을 경험하는 시간이 필요합니다. 이 책은 아이와 함께하는 양육서에 머무르지 않습니다. 개인의 구원, 좁은 정답에 갇혀 있는 우리 모두를 환경과 생태 등 더 넓은 관심으로 이끌고, 아버지의 마음으로 손짓하는 마법의 벽장문과 같습니다.

이요셉 다큐멘터리 사진작가, 『육아를 배우다』 저자

(저자가 이 표현을 좋아할지 모르겠지만) 이 책의 두 주인공은 모두 '아이'입니다. 한 명은 우리가 흔히 말하는 '아이' 즉 저자의 아들이고, 다른 한 명은 하나님의 자녀로서, (보통의 아이들이 그렇듯) 하나님께 질문과 회의와 반항과 신뢰를 모두 보여 주는 아이이자 엄마입니다. 이 두 아이가 나누는 대화는, 기독교 진리에 대한 신앙 고백일 때도 있고, 날카로운 질문과 변증일 때도 있으며, 갈 길을 몰라 함께 헤매는 말일 때도 있습니다. 우리의 인생이 늘 이렇게 굴러가기 마련이니, 모자의 대화 속에서 인생이 언뜻 보이기도 합니다. 하나님께 질문하고 대답을 들으며 회의하고 신뢰하고 싶은 아이들과 (나 같은) 어른 아이 모두가 이 책을 즐길 수 있으리라 확신합니다.

이정규 시광교회 담임목사, 『예수님의 기도학교』 저자

"아이는 부모의 등을 보고 자란다"는 말이 있습니다. 그만큼 아이들의 신앙은 부모를 포함한 양육자의 신앙에 많은 영향을 받을 수밖에 없습니다. 양육자와 아이 사이에 깊은 친밀함이 형성되려면 많은 대화와 교감이 필요하고, 그것이 신앙에 관한 것이라면 아이들에게 가장 좋은 성경 교사는 양육자입니다. 이 책은 엄마가 성경 교사가 되어 아이의 신앙적 질문에 대해 친절한 안내자 역할을 해 줍니다. 아이를 키우는 많은 양육자들의 좋은 신앙 교육 표본을 제시하는 이 책을 기쁘게 추천합니다.

주세희 선교사, 가수 악뮤(AKMU) 엄마

하나님은 너무 어려워

초판 발행_ 2024년 3월 4일
초판 2쇄_ 2024년 5월 17일

글 그림_ 송미현
펴낸이_ 정모세

펴낸곳_ 한국기독학생회출판부
등록번호_ 제2001-000198호(1978.6.1)
주소_ 04031 서울시 마포구 동교로 156-10
대표 전화_ (02)337-2257 팩스_ (02)337-2258
영업 전화_ (02)338-2282 팩스_ 080-915-1515
홈페이지_ http://www.ivp.co.kr 이메일_ ivp@ivp.co.kr
ISBN 978-89-328-2231-0

ⓒ 송미현 2024

책값은 뒤표지에 있습니다.
무단 전재와 복제를 금합니다.